그럼에도 불구하고

# 그럼에도 불구하고

소홍진 시집

리디아플랜
LEADIA PLAN

*Prologue*

언제부턴지 모르겠다. 비릿한 냄새가 주위를 온통 감싼 것이. 그런 밖이 싫어 온종일 집안에 틀어박혀 있는 것도 이젠 제법 익숙해졌다.

그러다 거미줄 친 목구멍이 싫어 잠시 현관 밖으로 나설 때면, 아차 싶게도 그 냄새가 코끝을 강하게 후려치며 들어왔다. 미간을 잔뜩 찌푸리며 다시 돌아서야만 했다.

이는 세상을 향한 비관적인 시선 때문이기라기보다 덩달아 변해버릴 나와는 만나고 싶지 않아서란 데 이유가 더 크겠다.

나의 글의 자양분은 산골에서 나고 자란 어린 시절의 감성과 이를 향한 동경이 8할을 차지하므로.

넓고 깊은 바다를 자유롭게 유영하는 고래처럼 힘차게 용트림하고 싶다. 저 현관을 활짝 열어두고 맘 놓고 드나들고 싶다. 새들처럼 자유롭게 비상하며 가슴 뜨거움을 비워내고 싶다. 진실로 그러고 싶다.

꿈지락하는 2025년 1월에

*Contents*

Unspoken Consolation

반려(伴侶) • 12

건어물 거리에서 • 14

지구의 꿈 • 16

지질공원 • 18

달빛 교감, 내일 날씨 • 20

아침을 여는 새들의 합창 • 22

봄 같은 마음으로 • 24

아름다움이란 • 25

잘생긴 여름이 간다 • 26

기다림 • 27

봄여름가을에게 • 28

개망초의 노래 • 30

# Open Mind

환승 공간 · 36

안개비 · 38

낮과 밤 사이 · 39

교차 · 40

신호등 · 42

착각에 그, 만. · 43

출근길 · 44

나와의 화해 · 46

성장과 성숙 · 48

소셜 공생 · 49

보금자리 · 51

안다 그대, 사람아 · 52

# Love in Time

철없이 필 적엔 • 56

시절 노래 • 58

생(生)의 도리 • 60

기차 안, 고향 생각 • 62

짝사랑 • 64

첫사랑 • 65

내 나이 마흔에 • 66

빛이 내어준 길 • 68

별, 꿈 • 70

도전의 길 • 71

새가 되어 • 72

내일이 있는 내 일 • 74

"우리 시절愛

내일이 있는 내 일을 응원하며"

To. _____

무언의 위로

# Chapter 1

# Unspoken Consolation

우리의 미래는
과거와 현재가 빚은 총체이며
지금 이 순간
어떤 선택을 했느냐에 따라 달라진다.
일도 사랑도 행복까지도…….
오늘을 견뎌낸 용기와 인내에서
믿음이란 한 스푼을 올려
보다 찬란한 희망의 노래를 불러본다.

## 반려(伴侶)

안녕 인간,
당신과 함께할 때 난
황홀하리만치 아름다운 꿈을 꾸었지
그곳은 천국과 지옥 어디쯤이었는지도 몰라

누군가 내 이름을 불러주면 그곳은 천국이었어
나를 기억하고 따뜻하게 쓰다듬어 주고 밥을 주었어
나를 돌봐주는 주인이 있는 것은 아니지만,
내 집이라 할 만한 공간이 있는 것도 아니지만,
그곳은 분명 천국이었어
마음 내키는 곳 언제든 앉을 수 있고
이따금 길거리 음식을 먹고 근처 아무 데서나 잘 수 있었어
그런데 어느 날부턴가 난 인간을 줄곧 피해 다녀야만 했지
그들에게 난 혐오의 대상이었고 눈엣가시 같은 존재였어
전혀 없었던 것은 아니지만 이름은 아예 없어져 버렸고
인간의 흔적이라곤 보이지 않는 그런 곳을 찾아다녀야만 했지
하루하루 숨죽여 있어야 할 그곳은 분명 지옥이었어

하지만 이젠 괜찮아
그런 것에 의미를 두지 않기로 했어
생각을 어떻게 하느냐에 따라 자유란 것이 주어지거든
지금은 나를 따뜻하게 보듬어줄 주인을 바라지 않아

인간이 보이지 않는 그런 곳만 찾아다니지도 않지
무심해 보이는 그곳이 오히려 더 안전하고
평화롭단 걸 알거든
있든 없든 그 어떤 시선이든 아랑곳하지 않고
이제 난 나의 길을 가려 해

그러니 언제든 놀러 와
조금이라도 함께할 시간이 필요하다면 말이야
난 언제든 네가 부르면 달려갈 거리에 있으니까
너와 내가 함께 발 딛고 선 이곳에 말이야
넌 날 버렸는지 몰라도, 난 널 버리지 않았어
언제까지나 인간 넌, 나의 반려야

언제까지나 넌,

나의 반려야…

## 건어물 거리에서

새벽을 달려 겨우 누운 우리들 자리,
베개도 없고 이불도 없고 차디찬 바닥만 보이네
비틀린 몸 마디마디 냉가슴 안고

샛바람이 속옷을 들치고
몸 여기저기를 타고 흐르기 시작하자
지나가던 행인이 잠시 멈춰 섰다 말기를 반복한다
살까 말까 어물대는 그 사람은

피 말리는 일이다
똥을 싸는 일이다

바짝 타들어 간 듯 온몸을 더욱 움츠리면
그의 날카롭고 예리한 시선은 어느새 명치에 와 꽂힌다
냉가슴 풀어헤쳐 부드러운 속살을 훔친다
저 깊은 바다가 아낌없이 내놓은 건어물 거리에서

코끝을 간질이는 어물전의 마지막 노래가 울려 퍼지자
짭조름했던 바다의 기억마저 지운다

저 깊은

바다의 기억을 훔치다

## 지구의 꿈

푸른 눈 지구,

어느 순간부턴가 부끄러워진 얼굴에
나도 모르게 태양을 피하게 됐고
태양은 그런 날 자꾸 들추며
얼굴을 비추라 했지

하지만 그럴 때마다 차마 볼품없어진 모습을
아름답고 푸르렀던 시절은 온 데 간 데 업고
여기저기 긁힌 상처만 가득한 얼굴을
자신 있게 내보일 수 없었지

먹구름이 몰려와 그런 나를 가릴수록
불안한 마음은 안식처를 찾은 듯했고
그런 날 태양이 점점 떠나가는 게 보였지

나 여전히 태양을 그리며
청명하고 아름다웠던 날 다시 보고픈데
오늘도 세상은 검은 재 흩뿌리며
우릴 끝없이 추락하게 만들고 있지
비명에도 안타까워할 이 아무도 없는 것처럼
날 헐뜯고 메마르게 하고 있지

깊은 어둠이 들고서야
내가 나를 보지 못하고서야
세상은 내 남은 숨결을 알아차리게 될까
별처럼 아름다웠던 나를 다시 알아봐 줄까
분노가 점점 차올라 용암처럼 솟구치고
아무려나 저 넓은 우주를 유랑하듯 떠돌다
한 줌 재가 되어 차디찬 눈을 뜰 때쯤이면
그제야 무슨 일 있었냐는 듯 손 내밀어 줄까

새벽녘, 다시 날 비추는 태양 앞에서
푸르스름한 빛으로 나를 보듯 너를 본다
다시 못 볼 아련한 눈빛으로

## 지질공원

바람결에 뭇 뭍의 이야기는 흩어지고
억겁의 세월이 빚어낸 장관 앞에
시간도 그만 멈춰 서고 마는 곳

주위를 에두르듯 숨죽여 인사하면
사부작 낀 발자국마저도
흔적조차 잊게 만들다가
절리마다 가슴 절절 새겨지는
존재의 가치를 일깨워주는 곳

네가 있어 모두가 아름답고 행복한 이곳에서
세찬 물바람마저 반가운 날에
굽이굽이 넘어온 세상사는
너풀너풀 춤을 춘다

해변 따라 둘레길 따라 숲길 따라
계절의 가장 멋진 옷으로 갈아입고
우리가 미처 가보지 못한,
수억 년의 세월을 다시 한 번 이어간다

감히 세기는 다다르지 못할 아득히 먼 그곳까지
잘 가라며 고이 보내줘야 할

끝끝내 지켜내야 할
소중한 지구의 유산

## 달빛 교감, 내일 날씨

까만 밤 달빛 조각 하나
언제 눈을 떴는지
새침한 눈빛으로 날 보는가 싶더니
이내 봉긋한 얼굴 가득하고
풀잎마다 맺힌 이슬을 부드럽게 감싸안네
알아봤다 이리 시푸른 날을

눈을 뜰 거면 다 뜨던가, 감을 거면 다 감던가,
구름도 지쳤는지 그만 샛바람에 길을 내주고
밤잠을 설친 여치 암수 한 쌍은
두 날개 비벼대며 동이 트기를 기다리네
오락가락한 네 모습에
비바람이 종잡을 수 없이 내리네

무슨 바람이 불었나
왜 자꾸 깊은 눈망울로
나에게 온통 아련한 시선을 보내나
금세 잊고 저리 방방곡곡
세상 빛 다 드리울 거면서
쨍한 해발에 따사로움만 가득하네

오늘은 또 뭐 땜에 삐쳤는지
밤새도록 눈 한 번 마주치지 않고 차갑기가 그지없더니
뭐야, 혼자 울고 있네
훌쩍훌쩍, 주룩주룩, 그러다 쏴악
말을 해야 알지? 휴지라도 줄까?
그래 울어라, 시원하게 울어라,
내일은 온통 푸른 날만 있게

어느새 찢겨 나온 휴지 조각이
달빛 눈물 감싸안고 나풀대며 흩날린다

## 아침을 여는 새들의 합창

소리를 하나씩 걷어내고
네, 그 소리를 찾아
가만가만 숨죽여 본다

넌 말하지
오늘도 신나는 하루가 시작됐다고,
우리 함께 즐겁게 날아보자고,
소리 더 높여 5월의 아침을 찬양하자 한다

까까까 까치, 바리톤으로 희망을 드리우고
짹짹짹 참새, 메조소프라노로 청량함을 수놓고
삐이익 직박구리, 소프라노로 높고 넓게 음률을 팅기고
찌찌찌 개개비, 소리소리마다 화음으로 답하네

지나가던 철새
나도 어울려보자, 새집 짓자 하며
쏜살같이 달려오니
모두 하나 돼 아침을 깨우네
나를 일으키네

따로 또 같이
아침을 여는 새들의 합창

청량함 가득 햇발 되어 귓가를 적신다
새들의 소리, 어린 날로의 환향

따로 또 같이
아침을 여는
새들의 합창

## 봄 같은 마음으로

바람 불면 스치는 바람이려니
벌 나비 날아들면 반짝 상춘객이려니
봄볕 따스하게 내리면 드뎌 제날이려니 하는
그저 그렇게 그런 오늘을

널 만난 이 순간만큼은
오직 너하고만 함께이고 싶다
닿기만 해도 기분 좋은 비단결 같은
영영 사라지지 않을 생명의 향기 그득한
네 존재 안에서

그저 슬며시 미소 짓고
스르륵 잠에 빠져들고
밤하늘 총총 별을 보다
새벽이슬 촉촉이 머금는
오늘을 견디게 하는

나의 마음 봄 같은 마음으로
향기 가득 피워내
이롭게 살아가련다

## 아름다움이란

청명한 아름다움은
비단 한곳에 머물지 않고
기록되고 기억되어
빛나는 이로움으로 널리 퍼져 나간다

서로를 도와 아름답게 하는
자연은, 계절은,
그래서 더 아름답다

## 잘생긴 여름이 간다

넓어진 잎사귀만큼
파란 하늘은 초록빛으로 물들고
뜨거워진 대기만큼
사람들의 발길은 드문드문
서로의 사이를 넓힌다
그 사이를 좁힐세라 솔솔 바람이 부니
나뭇잎 살랑대며 열기를 떨군다
물보라 치는 호숫가에서

무성히 뻗어나간 행복을 줍는 사람들
앙증맞은 작고 여린 손, 철부지 손은
담장 밖으로 삐쳐나온
넘실대는 어린 영혼들의 꿈길 같아
불볕을 이겨낸 담쟁이넝쿨처럼 타올라
희석되고 더욱 굳세어진 열정을 불태운다
온 하늘을 검붉게 드리우다 잠든다
여전히 식지 않은 9월의 밤, 여름

그렇게 올해도 잘 다녀갔구나

## 기다림

있어도 없는 듯, 없어도 있는 듯
순삭의 바람 한 점만이 맴돌다 흩어지는 기찻길 옆
수피를 떨어낸 붉은 배롱나무 한 그루 서 있다
오고 가는 많은 사람 중에서
그 하나를 바라본다

기차는 광속에 사라지고,
약속된 시간에 단 하나의 시선도 사라져간다

누구를 이토록 애타게 기다리나,
기다릴 거면 떠나갈 것도 알고 기다리렴
그 마음 다치지 않게

## 봄여름가을에게

한땐 너로 인해
녹음이니 청록이니 아름답다 했는데
이 추운 겨울 널 담담히 떨구어 낸다
이기적인 날 용서하렴
쓸쓸한 바람에 뭇 날아가도
못 본 척하는 날 이해하렴

너로 인해 이 한 해
아름답게 걸어왔다
참으로 푸르고
눈이 부시도록 찬란한 길이었다
덕분에 더 큰 희망을 품게 됐다
더 크게 걸어 나갈 길을

비록 널 이쯤에서 지우지만
너로 인해 다음을 배우고
너로 인해 내일을 기약하게 됐다
너로 인해 말이다

다시 못 볼 너이지만
난 그런 널 잊지 않을 것이다
평생토록 기억에서

널 떠올리며 살아갈 것이다
그러니 끝끝내 이해하란 말밖에 하지 않는
날 용서하렴
우리 서로 지난날을 지워
더 아름답게 살아가자

## 개망초의 노래

초엽을 열고 나왔을 때
누군가 이는 양춘이라 했다
온몸을 보드랍게 감싸는 햇살
그것은 풋사랑이라고 하던가
내게 계절의 순서를 일깨워주었다
사랑은 기다리는 것이 아닌
먼저 다가가는 것이라고
온 마음 다해 후회 없도록
정성을 쏟는 것이라고

하여 매년 이맘때면
데데하지만 나의 존재를 알렸고
부지런히 나름의 영역을 넓혀갔다
받은 사랑만큼 보답하기 위해
존재 이유를 알기 위해

그리해 알게 된 것은
저를 먼저 돌보기보단
가늘고 여린 생명을 보호하려는 본능
억척스럽게 뻗쳐가도
가늘고 수줍은 소녀 같은 감성
변화무쌍한 날씨를

무덤덤하게 받아들일 줄 아는 용기와 지혜
그런 가운데서도 내면 깊이 술렁이는
화초처럼 피었어도 황관에 어울리는 존심
칼바람이어도 만끽하고픈
자유스러움을 향한 의지 있음이어라
그리고 그 속에 고이 간직한 소녀 같은 감성 있더라

이를 저 큰 해바라기는 부러워할진대
소탈한 만큼 변함없이 태양을 마주할 수 있고
그 존재 결국 점점이 되어
결코 외면하지 않으리라며

하나 거기에 문득 고개 젓게 하는
작은 이유 하나 있다

천 개의 분신 아무리 끌어다 모은들
여전히 저 하나만큼의 존재가 되지 못함에
가는 사슬에 하루살이들이 부지런히 달려든다
존재 이유를 찾지 못했다
사랑을 이루지 못했다

그러니 이젠 독살스럽게 제 영역을 넓혀

언젠가 응당 소복이 화해의 꽃 피워보리라
하나의 존재를 넘어서는 군락의 힘으로
끈기 있게 피워내고 향기 내뿜으리라

화초처럼 피었어도

황관에 어울리는 존심으로

끈기 있게 피워내고 향기 내뿜으리라

열린 마음

## Chapter II

# Open Mind

생각은 소리를 지우고
소리는 생각을 지운다.
그러다 어느 순간
생각과 소리가 한데 어우러져
기억의 갈피를 갈무리하다
잠잠히 그만 날 지운다.
평온으로 가는 시간.

# 환승 공간

저 문이 열리면
아슬아슬 시간 차를 두고 경주하는 사람들
냅다 달린다, 뛰어오른다,
뒤돌아볼 겨를은 없다, 아니 돌아보지 않는다,

어깃장만, 어린놈이어도 둘러댄다
거침없이, 나이 많은 놈이어도 내뱉는다
이곳에 오르지 못하는 건,
나만 아니면 되니까,
그래야 들어가니까, 다음으로 가니까,

그럴까? 다음은 없는 건가?
잠시라도 한 번 더 곰곰이 생각해 보지 않겠어?
기회는, 다시 오를 순간은 또 오니까
지금까지도 충분히 부닥치며 지내오지 않았나?
잠시 건너뛴다고 다음이 없어지는 건 아니잖아

아니, 아무리 위험해도
지나가 버린 지난 세월만큼일까
무겁기가 지나온 삶의 무게만큼일까
맞서 봐야 아는 세상이기에
그러니 달리는 거지, 그러니 오르는 거지,

나도 오르고 너도 오르고
다음 기회를 기다리느니
지금 이 순간이 백번 천번 낫지
그러니 오늘도 모두 뛰어
저곳에 오르는 거지

더 나은 내일이 있는
환승하는 저 공간 속으로

# 안개비

안개비가 포근히
내 얼굴을 감싸는 밤

두 다리는 대지를 만나
나를 곧 세우고
희뿌연 가슴은
구름 속 허공을
둥둥 떠다닌다

어제도 내일도 오늘도
그리고 지금 이 순간마저도
모두 잊은 밤
영락도 쾌락도 달아난 밤

그렇게 나는 이원 된 자유를 만나
나를 잠시 떠나보낸다

단단한 아스팔트 위를 내딛는
발걸음만이 타박타박 소리 울리고
영혼은 안개비 속으로 탈출했다
영영

## 낮과 밤 사이

입김만 일어도 시작되는 하루의 아침,
새벽을 향해 달려온 태양이 긴 밤 어둠을 밀치면
지친 영혼은 가물거리며 그만 사라지고
허물을 뒤집어쓴 육신이 몸을 일으킨다

새벽을 여는 먼동에 육신이 찾아들면
다시 요동치는 생명의 굼틀거림
보색의 무성(無聲)으로 무장하고
탐욕의 입을 벌려 아침을 맞는다
허물을 벗어 새 옷으로 갈아입는다

작열하는 태양 아래 부대끼는 사람들
인분을 떨어내듯 서로를 밀치고
점등 아래에서 온 힘을 다해 자신을 방어한다
다시 어둠이 찾아오기까지
육신을 누일 영혼이 찾아들기까지

다시 하루가 시작되는 아침이 오면
영혼과 육신은 서로에게
긴긴 악수를 건넨다

## 교차

갑니다, 옵니다
오늘, 내일

만납니다, 헤어집니다
기대로, 용기로

머무는 것은
사랑 그리고 아쉬움

하지만 다음이 있기에
우린 또 각자의 길을 걸어갑니다

기회는 오늘뿐일 수도 있다는 말은
잠시 잊기로 해요

# 신호등

당장 멈추라는 그,
붉은빛을 너는 모르지 않으리
이젠 그만 천천히 건너도 된다는 그,
초록빛을 너는 모를 리 없으리
조금만 더 지나면
낭떠러지가 있다는 걸 그,
주의 깊은 빛을 지나칠 리 없으리

생과 사를 가늠하는 그,
100미터 신호등 앞에서

너나 갈 길 앞세우는
바퀴는 구르고
날 대신해 그,
먼지는 폴폴 잘도 날린다

안달 복잡한 가슴 애태우면 뭐 하리 그,
바퀴는 이미 출발선을 지나친 걸
자근자근 숨을 고르면 알아챌 리 그,
다음번도 있다는 걸
네게 길을 터줄 시간 몇 초면 된다고
신호는 깜박이며 미소 짓지

## 착각에 그, 만.

내달리는가 했더니 걷는 거였네
걷는가 했더니 맴도는 거였네

설탕인가 했더니 소금이었고
물인가 했더니 플라스틱이었네
봄인가 했더니 겨울이었고
여름인가 했더니 가을이었네

쑥인가 했더니 초오였고
상추인가 했더니 쑥갓이었네
수박인가 했더니 멜론이었고
단감인가 했더니 떫감이었네

오늘도 난
착각에 그, 만.

## 출근길

다 큰 아이 달래는 데
이만한 것도 없지
하루 종일 쌓인 스트레스
창문 밖 풍경과 함께 사라지고
창에 비친 얼굴에 어느새 시름은 잊혀간다

하룻밤 재워둔 기억이 몽글몽글 솟아날 때쯤
다시 그 둔탁한 바퀴 위에서 기억을 곱씹고
창밖을 에워싼 뿌연 안개에 지웠던 기억을 채워간다
낯선 승객들의 얼굴에 기억을 입힌다
하나둘씩 채워지는 승차 칸에 앉아

기웃대는 시선들의 낯선 애틋함
허공에 꽂히는 날 선 경계의 공허함
버스는 어느덧 종착역을 향해 달려가고,
무너져 내린 시선들은 갈 곳 잃어
그만 정처 없는 시름을 달랜다
네 바퀴에 시선을 기댄다

거리엔 다시 매캐한 매연이
하루를 시작하는 사람들의 종종걸음을 채찍질하고
행여 그 걸음이 멈출세라

거리의 향연을 켜듯 가득 메운다
그 큰 막대사탕 꿈결에나 있었나
그 달콤한 솜사탕 어디로 갔나

## 나와의 화해

울금을 태워 지통한 날
너는 영영 떠나갔다 여겼더니
반가운 님 오시는 날이라고 그 누가 말했던가
설렘에 뒤척이며 쪽잠으로 지새운 날
그제야 떠오른 네 아련한 모습에
나도 몰래 흘러내린 눈물, 널 향한 그리움,
여명에 젖어 들 때까지 첩첩이 피워낸다

마음을 트고, 생각을 터트리고
그 사잇길 불어오는 잔잔한 솔바람,
그런 네가, 내가 좋아서
이리 부비적 저리 비비적
그제야 한시일지언정 눈맞춤하게 된 너,
넌 변함없이 그날의 나였지
다듬어지지 않은 작고 여린 길섶의 잎새

청청하게 돋아 이젠 무성하기까지 한
그 깊은 향취를 네가 알까,
차마 말 못 해 사금을 뿌려 사사하니
덩어리진 응어리가 몸 밖으로 떨어져 나온다
사악한 어둠이 뒷배를 탄다
실낱같은 말간 웃음이 번지며

헤어져도 다시 그 자리
저 하늘과 바다처럼
우리 다시 서로 등 맞대고 앉아볼까
다신 헤어지지 말자 약속하며
사랑하는 나에게, 너에게

## 성장과 성숙

누군가 내게
인생 최고의 순간과 최저의 순간,
앞으로 나아가야 할 때와 물러나야 할 때,
붙잡아야 할 때와 놓아야 할 때를 묻는다면,
난 말하겠지
그 철을 몰라 아직도 성찰 중이라고
그 때를 몰라 여전히 각성 중이라고

굳이 철 들라 말하지 않아도
절로 고개 숙여지는 것이
때에 맞는 인생이지 않을까
사철 푸르렀어도
우리가 사는 시간 숲엔
매일 같이 낮과 밤이 찾아오니까

나이 듦이 성숙은 아니다

## 소셜 공생

윗집 옆집 아랫집이려나
한 무리의 참새가 나란히 앉아
고개를 째깍, 눈짓을 찰칵하더니
이내 날갯짓하며 수다를 떤다

이쪽저쪽 날아다니며
가볍게 구름 물결 일렁이니
어디서 날아들었는지 이름 모를 종달새
함께 바람의 유희를 좇는다

그 바람에 길 잃은 나뭇잎 정처 없이 떨어지고
그 바람에 때아닌 서리 먼지처럼 내려앉고
거리엔 한가득 상처 입은 영혼들로 넘실댄다

그대여, 인제 그만 저 깊은 심해에
영혼의 닻을 내려라
너울에도 더는 떠밀리지 않게
그 흔한 바람에도 흩날리지 않게
돛을 활짝 펼쳐라

다시 알 수 없는 노래가 시작되면
그건 오직 그대를 위한 노래가 될 터이니

바다를 보듯 그대를 보고
지평선을 보듯 모두를 보라
그리하여 젖지 않는 마음 유유히 흘러라

## 보금자리

긴 허리 휜 산을 어둠에 지운 채
집으로 들어서는 길,
흔적 없는 지척거림에도
컹컹대는 강아지 버선발이 되어 맞아주고
두 팔 벌린 가슴으로 어둠을 밀쳐내는
어머니가 서 계신다
집으로 들어간다, 아파트로 들어간다
고독한 삶의 무게로 벨을 누르면,

접힌 고개 겨우 들어
가로등불 켜진 거리에 애수를 띄우면
어느샌가 맘속엔
집으로 향하는 활주로가 그려진다
세상에서 가장 익숙한
풍경과 그리움이 펼쳐지는 곳
집으로 들어간다, 사람들이 들어간다
아파트 층층이 점등이 켜지면,

온 가족이 보금자리로 찾아든 시각
아파트는 더 높은 하늘을 향해
따뜻한 보금자리 집을 짓는다

## 안다 그대, 사람아

거짓된 표정과 행동,
스타일로 감쌌어도
안다 그대,
사람아

네 심장 거기가
무표정한 얼굴과 겉옷만큼
무덤덤하지 않다는걸
네가 가는 그 길 거기가
그저 발끝 따라 보이는 그곳으로
곧장 흘러 들어가지 않는다는 걸
네 수저에 올린 밥과 반찬이
취향 그대로가 아니라는 걸

네가 친 백 가지 떨기는
그저 시절이 준 고난 앞에서
어쩔 수 없이 선택한 방패임을
안다 그대,
사람아

따듯한 네 가슴 항상 거기에
성긴 사리 나뭇가지 붙잡고선

문 열면 닿을 바로 그 자리에
멈춰 서 있다는 걸
차마 고개 들지 않음은
그저 때를 기다릴 뿐이라는 걸

안다 그대,
사람아 사람아
오늘도 표정 없이 길을 걷는 사람아

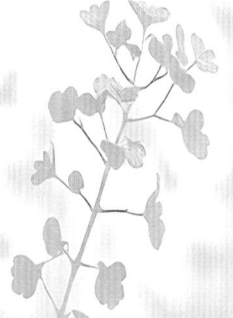

시
절
인
연

## Chapter III

# Love in Time

쫓기듯 달리던 일과는
시곗바늘과 함께 평행선을 그려가고
고뇌의 시간은 더 깊은 인내심으로 채워지며
그렇게 다시 변곡점을 그려간다.
더욱 나다워지고 또 더욱 나를 알아가는
新 시공간에서의 어느 날.

## 철없이 필 적엔

시리다, 이 겨울
착각에 빠져 그만 고개 내밀고 말았다
다시 저 고독한 몸부림 사이로 돌아갈 순 없다
날 불러일으킨 외마디였어도 넌 봄이었어라
끝끝내 저 사리문 열고 들어설 백중의 청점이었어라

진실로 봄이 오기까진
얼마나 더 기다려야 할까
그 봄이 끝끝내 오긴 올 테지
서리 내리고 매서운 바람 불어도
그 끝에 전해지는 온기는 착각은 아니어서
잠시 잠깐이었어도 봄이란 걸 아리키니
그저 견뎌보지 못한 이 순간만 이겨내면 된다 하니

따스한 볕에 홀린 듯 고개 들기 전에
목깃에 닿는 사늘한 너의 존재부터 알아차렸야 했다
하지만 이제 와 후회한들 무슨 소용이랴
이미 난 돋아나 있고 돌아가기엔 내민 내 흔적이
너무도 길고 가냘프다

아지랑이처럼 핀 내 곱고 여린 살결
서슬푸른 바람이 헤집고 흘러들어도

한순간 믿음으로 피워낸 용기 잃지 말고 이어 나가
도도하게 진실한 봄이 오기까지 견뎌 내자

철없이 필 적엔
그게 바로 그저 봄이련다

## 시절 노래

속절없이 웃는다
주름진 당신 얼굴에 드리워진 내 얼굴
함께 지낸 온 세월만큼 굴곡져 있네
스무 살 꽃다운 우리의 청춘이 지나갔네

그 시절 그 열정 여전히 가득하지만
아직도 가야 할,
살아내고 이겨내야 할 세상이기에
지울 수 없는 주름은
오늘도 늘어만 가네, 깊어만 가네,
가여운 사람 내 사랑

점점 지쳐가고 늘어가는 건 한숨뿐이라
오늘도 시절은 돌아서서
그리움만 남기고 떠나가네

우리 언제 다시 이 시절을 노래할까
벌써 그리워지는 지금의 청춘이건만
빈자리 냉가슴 안고
여전히 허기진 우리들의 시간은 흐르네

시절이 지나가네
추억만 남기고 또 떠나가네

## 생(生)의 도리

사람의 도리란,
살아내야 할 도리, 이겨내야 할 도리
감사해야 할 도리, 즐겨야 할 도리

시절의 도리란,
지나가야 할 도리, 피워내야 할 도리
충만해야 할 도리, 향유해야 할 도리

그렇게 꽃 피운다
우리 인생, 다 한세상
청명한 아름다움을

머무는 것은 도리가 아님을
기록되고 기억되어
빛나는 이로움으로
응당 널리 퍼져 나가야 함을

도리로서 한 시절을 보내고,
도리로서 다음을 이야기하는
그리고 머문 지금에서
서로를 도와 아름답게 하는
자연은 사람은 그래서 더 아름답다

기록되고 기억되어
빛나는 이로움으로
응당 널리 퍼져 나가야 함을

## 기차 안, 고향 생각

짙은 연무 내렸어도
가리지 못할 기억 속 풍경
이를 쫓는 계절의 익숙한 냄새
가슴 절절 피어나는 내 사랑 내 고향

기차가 고향을 향해 달리자
애타는 마음은 더해가고
고향의 문턱조차 닿지 않은 거리에서
사무치게 그리운 고향을 떠올려 본다
뿌연 시야조차 지우지 못할
기억의 향기, 고향에 대한 그리움

블랙홀처럼 빨려 들어간 시간의 터널에서
실낱같이 흩어진 파노라마를 헤집자
보석 같은 추억이 멍울멍울
동구에서 뛰놀던 철부지 아이의
파스텔처럼 아련하고 순수한
풋풋했던 시절이 피어오른다

긴 시간 어둠의 터널에서
달보드레한 추억의 상기도 잠시
현실의 진동이 날 흔들면

추억은 다시 구멍 난 바퀴처럼 빠져나가고
멍울에도 맺히지 못해 산산이 흩어져 간다
점점 멀어지는 기차와 고향의 간격
목메도록 그립다, 아름답다,
고향이란 존재만으로도 보고프다,
영영 헤어져 다시 만나지 못한다 해도
그리움이라 말하며 널 이야기하겠지

짙은 안개 가렸어도 지우지 못할
고향에 대한 그리움

## 짝사랑

속절없이 웃는다
수줍게 핀 네 얼굴에 내 얼굴
스무 살 그녀가 다가온다
연분홍 복사꽃 향기 가득한
너의 곁에 선 내 마음
지금도 설레며 네 얼굴을 훔치는데
우리 언제 그 시절을 노래할까, 다시 만날까
돌아서면 사라지는 네 그림자 앞에선 내 태양
내일이면 다시 이 자리에서 만날 터인데
벌써 그리워지는 네 빈자리에 내 마음
바쁜 하루에 이끼처럼 들러붙어 오늘 하루를 버텼다
그래, 절로 피어나는 이끼꽃을 기다렸다
복사나무 아래 고이 피어날 내 너를

## 첫사랑

달콤했던 설탕이 녹아내렸다
장미의 씨앗으로

짜릿한 아픔에 눈꽃을 피웠다
아련하고도 지근히, 영롱하고도 몽글한

침징하게 퍼져가는 빛이 스며든 자리,
촉촉이 젖어가는 새하얀 흔적

미각의 세포를 깨우듯
포슬포슬 피어나는 감각의 솜사탕

두 볼 빨갛게 세안을 하고
웅크린 어깨 펴 너를 맞는다

봄 같은 날이 왔다
겨울이 왔다

그해 겨울,
첫눈이 내린 날에

## 내 나이 마흔에

초저녁에도 꿈은 있어
고픈 배 참고 찬찬히 거니는 밤
뱃가죽은 등살을 뚫고
의식은 흐릿해져 가지만
뚜벅뚜벅 소리 내 앞을 향해 걷는다

이 길 끝에 뭐가 있는지
발길 끝 어딜 향해 걷는지 모르지만
정진한다 오늘도 그렇게 이렇게
한결같은 보폭으로

젖은 길도 마른 길도 거친 길도
길은 그저 난 길일 뿐
장애물이 보이면 옆으로 가면 되고
뒤로 가도 되고
위로 풀쩍 뛰어넘어 가도 된다

어떤 식으로 가든
도착점은 저 한 곳이라
그저 가면 언젠가 다다를 곳이라
다시 못 올 내 나이 마흔에
다시 시작하기 좋을 이 나이에

또 다른 내일을 향해 걸어간다

길은 그저 난 길일 뿐
어떤 식으로 가든
도착점은 저 한 곳

## 빛이 내어준 길

저 하얀 불빛
없었으면 우린 또
어디를 헤맬까
멍든 이 하늘 아래에서

저 별빛 반짝이는 섬광
없었으면 우린 또
어디론가 무심히 흘러 들어가겠지
뚜벅- 터벅-
네온 불빛이 흐르는
도시의 낭만과 유희를 따라

빛이 내어준 희망의 이 노래
들려주고 파, 네게
이 목소리 닿을 때까지, 난

그 자리 멈춰 서 있기만 해도 돼
그저 잔잔히 빛나기만 해도 돼
이 마음 닿길 바라는
단 그만큼의 거리에서
기다린다, 영원히

빛이 내어준 그 길 따라 올
널 알기에, 널 위해

## 별, 꿈

흩어진 삶의 조각들이 모여드는 시각
서로 멀리 떨어져 멈춰 있지만
빛나는 순간들의 오랜 기억
어둠이 내려야만 오직 볼 수 있는 너란 존재

희미한 기억 속 슬픔과 아픔, 분노는
캄캄한 어둠과 함께 사라지고
소곤대는 별빛 이야기만이 가득한 밤

밤이 내린 초대에
이야기는 무르익어 은빛 융단을 이루면
사람들은 잠시 시간 여행자가 되어
서로의 이야기를 썼다 지우기를 반복하며
잊었던 삶의 흔적마저 모은다
저마다의 결을 잇는다

긴긴밤 별빛이 보석처럼 찬연한 밤
단꿈을 꾼다
샛별이 뜨기까지

## 도전의 길

차가운 눈물 똑 흐르던 날
그 길을 걸었지
쓸쓸함이 내어준 이 길을
홀로 정처 없이 걸었지
무수한 외로움과 고독함과 싸우며
내일이 보이지 않는 오늘을 걸었지
파고드는 숱한 생각은 멀리하고
쫓아오는 두려움은 애써 지우고
오직 앞만 보며
그저 아무 생각 없이
열린 길을 따라 걸었지

그 길이 나였기에
저 길 끝에 내가 있기에
자존심 한장 걸치고
발길 닿는 대로 걸었지
아직은 포기하기 이르다 하며
아직은 할 수 있다 하며
다지며 기약하며 세우며
달력을 넘기듯 하루를 기록하며
오늘을 걸었지

## 새가 되어

나,
나는 새
나는 나는 새
나는 오늘 날아오르려 한다

뻗어,
두 팔을 뻗어
두 팔을 날개처럼 뻗어
공중으로 부양한다
힘차게 날갯짓을 한다

바람을 타고 나는 나는 새
꿈을 안고 날아올랐다
희망을 안고 날개를 펼쳤다
자유로운 영혼 앞에
이제 두려울 것이란 없다
나는 나는 새니까

나는 새
나는 나는 새
꿈을 안고 날아오른다

## 내일이 있는 내 일

무모하리만치 달려온 지난 시간은
매일 같이 쌓아온 도전의 연속
어쩌면 꿈, 공상, 허상과도 같았던
그렇다고 그 바람마저 버리면
하루하루가 허무하리만치 공허할 것이라 느껴졌던
그런 작고 소중한 이상의 세계

그 락(樂)을,
도전한 지 일 년 남짓 지난
이제서야 조금은
희망 고(苦)로 알아간다

쫓기듯 달리던 일과는
투영하듯 일과 함께 평행선을 그려가고
추구하는 가치는 쌓여가며
고뇌의 시간은 더 깊은 인내로 채워지며
그렇게 다시 인생의 변곡점을 그려간다

더욱 나다워지고
또 더욱 나를 알아가는
新 시공간에서의 기록을

내 일을 하다
내일을 보다
내일이 있는 내 일을

더욱 나다워지고
또 더욱 나를 말아가는
新 시공간에서의 기록

*Epilogue*

한 해가 지나고
다시 밝아오는 새날의 새 아침.
누가 내일을 막을 텐가
우린 그렇게 또다시 시작이다.

'무언의 위로'와 '열린 시선'으로
점점이 다가가는
'시절 인연'에서

우리 다시 한번
꿈과 사랑, 그리고 도약할 힘을
안아 보자.

"당신의 내일이 있는 내 일을 응원하며"
*
시를 묶는다.

끝으로 내 삶의 자양분이 된
그리운 고향과 사랑하는 부모님께
감사의 마음을 담아 이 책을 바친다.

리디아 시선집 001
**그럼에도 불구하고**
ⓒ 소홍진 2025

**초판 발행** 2025년 2월 7일

**지은이** 소홍진
**펴낸이** 이미진
**펴낸곳** 리디아플랜

**등록** 2023년 5월 1일 제409-2023-000037호
**주소** 경기도 김포시 김포한강8로 377
**전화** 070-8080-1804 **이메일** arumnews@naver.com
**블로그** blog.naver.com/leadiaplan

**ISBN** 979-11-984062-7-9 (03810)

- 책값은 뒤표지에 있습니다.
- 파본은 구입하신 서점에서 교환해 드립니다.
- 이 책은 저작권법에 의해 보호를 받는 저작물이므로 무단 전재와 복제를 금합니다.
- 이 책의 내용을 재사용하려면 반드시 저작권자의 동의를 받아야 합니다.
- 전자책은 구동되는 단말기나 전자책 뷰어의 성능 등에 따라 다르게 보일 수 있습니다.